AF610715

REMONSTRANCE AV ROY.

PAR DAMOISELLE Marie de Nogent, Carraciol petite fille des feuz Prince de Melphe, & Comte d'Acquin, sur la perte de leurs biens, & Estats pour le seruice de la France.

IRE,

Les Anciens en leurs sacrifices auoient accoustumé de ietter dans vn feu purifiant, & non consumant les langues des victimes immolees: dans le feu tousiours durant de vostre pieté & equité, damoiselle Marie de Nogent Carraciol iette l'integrité, la foy, le merite, la recommendatiõ, & seruices des Prince de Melphe & cõte d'Acquin ſes Predeceſſeurs, qui depuis l'an mil trois cẽs ſeptãte & neuf, q̃ la maiſõ d'Anjou cõmẽça de prẽdre droit au royaume de Naples, auquel la maiſon de Frãce a ſuçcedé, ont eſté vrayes Victimes immolees pour la France, ſans que iamais pour aucun reuers de fortune, lors que les affaires des ennemis de ceſte couronne eſtoient comme en leurs ſolſtice, & perfection, on les aye veu changer de deuotion, & fidelité. 1 Permettez doncq SIRE, à ſon affliction, que libre, elle ne ſoit forcée, dans vn Royaume libre, d'eſtouffer ſes iuſtes plainctes dans ſon propre reſentiment: ains qu'il luy ſoit permis de continuer aux pieds de voſtre Majeſté le diſcours de leurs merites & ſeruices, ioinc ſa miſere, auec autant de liberté qu'il ſera fortifié du cyment de la verité. Vous y verrez, SIRE, quelle ne peut viure ſans douleur, ny parler ſans ſouſpirer (nõ tãt pour ſa miſere preſente) car ce n'eſt le point principal de ſa plus forte douleur, & qui plus preſſémẽt la pourſuit, de ſuiure & pourſuiure la pointe de ſa plainte, mais qu'il ne reſte à peine dans l'ame de la France le nom & la ſouuenance des Carraciolz de Melphe, dont les merites, ſeruices &

1 Pandolphe collenucio. l. 6. Annales les de France par belle foreſt des Ancien. imprim. f. 1130. Campana en la vie de Philippe ſecond & autres plus anciẽs autheurs quoy qu'ennemis de la maiſon des Carraciolz & d'Acquin pour les raiſõs auſquelles non le deuoir mais la patrie les oblige.

biens faits sont à son desaduantage, & cõtre leur esperãces & promesses, de vos predecesseurs, dans l'oubly, quoy qu'ils n'ayẽt iamais espargné leurs biẽs, leur sang, leurs vies, ny craint de diminuer la splẽdeur de leurs tres anciennes familles pour le party de ceste Monarchie, qu'ils ont autant constamment tenu en aduersité, qu'ẽn prosperité pẽdant ces fatales & miserables guerres d'Italie, & de France: 2. Car, SIRE, s'il plaist à vostre Majesté iette l'œil sur l'histoire de vos predecesseurs, vous y verrez dés le temps de Louys & René Ducs d'Anjou successeurs de Ieanne seconde Royne de Naples audict Royaume, la seule maisõ des Carraciols, & leurs alliez, suiure en toute deuotion & fidelité le party Anieuin & continuer leur seruice vers la France soubs le Regne de Charles huictiesme & autres ses successeurs, cõme il se iustifie par les histoires de Pandolpho, Collenucio, Paulo Iouio, Belle forest, Guicciardin, Paradin, Rabbutin, & aultres cy cottez 3 ou les Princes de Melphe, de Salerne, D'acquauiua, Contes Dauelino, Dacquin, Corrata, sont reconnuz, 4 LA RACE ET FAMILLE DESQVELS (disent ils) NE FVT ONC AVL-

2 *Paulo Iouio*

3 *Bartholomeo Fascius, du Bellay, du Tillet, de Serre, de Villar, Adrianus.*

4 *Annales de France par belle forests, chap. 10 li. 6. f. 1364.*

TRE QVE FORT FIDELLE A CETTE COVRONNE. Ce que vostre Majesté iugera en ce que Consaluo Lieutenant General du Roy d'Espagne offrit au Prince de Melphe Traien Carraciol son ayeul lors grand Seneschal de Naples soubs Louys douziesme, l'amitié du Roy son maistre pour luy, & sa famille luy permettant de viure en sa maison, & iouïr de ses biens & reuenus pourueu qu'il suiuist le party Espagnol : mais l'affection du Prince estoit si entiere vers le party Frãçois ; quoy qu'esbrãslé, & penchãt pour ses pretentions d'Italie à sa ruine qu'il ayma mieux quitter sõ païs ses terres & seigneuries, que le seruice dudit Seigneur Roy, duquel en fin iusques à sa mort il aduança tellement les affaires en Italie, que la France l'a long temps depuis dominee, ce qu'il obserua à l'imitation de ses predecesseurs & à son exẽple l'ont obserué ses successeurs Iean Carraciol dernier Prince de Melphe & Anthoine d'Acquin ses grands peres qui lors que les perils estoient plus grands & iminans se sont monstrez plus constans à la tuition de c'est estat, car, SIRE, si vostre Majesté daigne ietter l'œil sur le fil de ceste histoire elle y verra que lantiquité ne

5 Guicciardin liu. 5. f. 125. de Serre f. 174. Annales cha. 10. lib. 6. f. 1365.

soit noté *que le Roy Louys XII. faisoit l'honneur audit Traian de le nommer son cousin & le dire de sa cõsanguinité ce qui se iustifie par les lettres patentes de sadite Maiesté donnez en faueur dudit Traian A Lion en Octobre 15 & deux verifiez en la Chambres des Comtes à Paris & mise en la chambre du thresor, touchant les Chasteaux de Cisterne auec Lo, Grãdo, Scado, Armato.*

peult ny veut cacher a la posterité, les dignes de portemẽs de ce Prince, y remarquera l'interieur de son cœur par son affection, sa vertu par ses actions, & qu'il n'est moins estimé & cognu par son propre merite, que par la gloire de ses deuãciers; semblable au Naphta, sorte de Bitume, dont la disposition est telle à prendre le feu, que le moindre rayon la touchant l'emflamme & fait qu'elle s'embrase cõme d'elle mesme: aussi ce Prince de soy mesme disposé au seruice de la France, si tost que le feu du desir la reporta à ses iustes pretentions de Naples, les rayons de sa volonté l'emflãmerent & l'embrasserent tellement qu'il en à veu, voulu, & s'est pleu en l'ẽbrasemẽt de sa maison, dont reste sa posterité miserable en France qui ne merite tel traitement. Ce Seigneur esleue & nourry dés sa ieunesse aux guerres d'Italie, fort estimé pour estre homme de courage & hardi accepta, (pour suiure les voyes de ses Ancestres) les offres & conditions qui luy furẽt faictes de la part du Roy, lors regnant par messire Odet de Foyx sieur de Lautrec qui auoit passé auec armee en Italie, tant pour remettre le Pape, prisonnier des Espagnols, en sa liberté, que pour conseruer au nom

rio, & autre fiefs receuz en foy & hommage dudit Traian par sadite Maiesté.

an. 1527.

Pandolpho, Collenucio, Bartholomeus Foscius, François ce que le droict leur auoit acquis au royaume de Naples, auquel dés le commencemẽt fut donné vne compagnie de gens d'armes, ensemble, pour sa vertu & noblesse, le manifique collier du sacré ordre des Cheualiers de France 6, auec esperance de mieux, ainsi que le temps & les lieux luy en feroient naistre les occasions.

6 *Paulo, Iouio. 45. liu. f. 6. 37.*

Luy doncq pour ne meriter moins que ses deuanciers, ains pour terminer en soy leur seruice & estandre comme au de là sa renõmee, prist du sieur de Lautrec vne commission pour dresser des trouppes à pied & à cheual, afin de fatiguer, & resserrer la garnison de Guaïette & autre lieux durant le siege de Naples tenu par ledit sieur de Lautrec ou le Prince de Melphe se porta auec autant de dexterité vigilance & promptitude, qu'il s'en pouuoit esperer, ayãt reduit Gaïtte iusqu'à l'extremité, lors que les piteuses Nouuelles de la ruine de l'armee Françoise & de la mort du sieur de Lautrec luy furent apportees, qui le firent resoudre de changer d'entreprise, & de se retirer à Barlette ville de la Pouille, ou Rance Vrsin son alié donnoit retraitte au relicques de l'armee. *du Bellay*

En cette ville de Barlette & autres villes

où le nom François estoit encor recogneu cõmandoit absolument le Prince de Melphe ; & quoy que ce fidele Seigneur vit rauaîler les affaires du Roy, aneantir peu à peu ses esperances & ses dessains, ses biens distribuez à ses ennemis, car, outre sa principauté de Melphe donnee par confiscatiõ de l'Empereur à André Doria pour auoir quitté le party François, sa Duche d'Ascoli au Prince d'Orange, il vit de plus distribuer à plusieurs seigneurs ses Duches, de Rappollo, & de Venouze en la Bassilicate, ses Contes de Capacia, de Pransule, Marcono, Forance, Ripe Candide, Auelino, ses Barronnies du Prat, Chasteau de Cisterne, auec les fiefs de Lo Grando, lo Scado, lo armatorio, & plusieurs autres terres & Seigneuries portãt tiltre de plaine puissance à luy appartenant; si ne changea t'il, *(dit Paulo Iouio,)* iamais de volonté, ny ne rabaissa le courage de bien & fidellement seruir le party François, trauersant tant qu'il peut, la prosperité des Imperiaux cõseruant soigneusement ce qu'il auoit en garde, tant cõtre l'effort des ennemis, que contre leurs secrettes menees & trahisons, interrompant l'entreprise que le Comte de Boriel gouuerneur d'Andrie auoit sur

Langé.

Paulo, Iouio.

Campana

Barlette, qui estoit tellement auancee, quelle estoit cõme à la veille de l'executiõ sans la sage conduite de ce Prince à la preuoyance duquel, peu de choses estoient cachees, qui faisant empoigner Hierosme de Cremone Capitaine Italien & son Sergent & autres entremetteurs de telle marchandise, leur fit chaudement porter la peine par eux meritee, apres auoir esté conuaincus & trouues coulpables non seulement par les loix militaires, mais par celles de la des-obeissance deuë à la France, pour ses legitimes pretentions à Naples, les faisant (cruautez dira t'on mais exemplaires & iustes) pendre par les pieds aux fenestres du Chasteau tant qu'ils eurent de vie, estonnant tellement par ce Iuste suplice, ceux qui cherchoient outre leur foy, party ailleurs, quil ne fut rien innoué & entrepris sus les places restees au Roy apres la perte de son armee, qui se maintindrent Frãçoises iusqu'à ce que par le traitté de Cãbray
An. 1530 le Roy les fit rendre & remettre sous l'obeissance de l'Empereur, r'appellant ledit Prince de Melphe en France, ou la raison pour son merite vouloit qu'on luy fit du bien, puis que pour le seruir il auoit abandonné le sien à ses ennemis, aussi l'honora

sa Majesté de se seruir de luy en tous les endroits où la necessité de ses affaires requirẽt l'aduis & mains d'vn bon seruiteur, soit apres la rupture de cete paix faite à Cãbray, où durant le repos d'icelle, pendant quoy suruint la mort de Madame Louyse de Sauoye mere du Roy pour lors regnant, Duchesse d'Angoulesme & regente en France ou ledit sieur Prince de Melphe assista aux honneurs funebres, & fut choisi pour porter dans sa tombe le rameau d'Oliue, qu'auoit en l'vne de ses mains la Ducale effigie: Durant cete tréue, les simultes ordinaires de l'Espagne contre la France se continuerent couuertement, & les effects suiuirent le dessein, par l'entremise de François Sforce Duc de Milan, violateur du droit des gens, & de la Franchise des Ambassadeurs, qui pour donner lieu au Roy de mescontentement traitta auec toute sorte d'indignité & ignominie, l'Escuyer Merueille son Ambassadeur, d'où proceda que le Roy se resolut à la rupture de ceste tréue, ioinct tant le refus que fit le Duc de Sauoye de la place de Nice pour seruir à l'entre-veuë du Pape Clement & de luy, que le deny de passage sus ses terres à son armee conduitte par Messire Philippe Chabot Comte de

Stephanus Guazzo [illegible]

Briſance Admiral de France, où ſe trouua entre les premiers ledit ſieur Prince de Melphe pour aller punir l'irreligiõ & temerité dudit Sforce.

En la meſme annee ſe trouua, SIRE, ledit ſieur Prince pres ſa majeſté en Prouence, lors que l'Empereur trompé de ſes eſperances & auec la plus puiſſante armee qu'il eut iamais y alla perdre ſes pas & ſes peines pour accroiſtre & donner de la gloire au Roy, qui fit election dudit ſieur Prince de Melphe pour luy aller choiſir vn lieu commode à l'aſſiete de ſon camp, & propre pour y attendre ſes ennemis; ce qu'il fit pres d'Auignon, entre les deux riuieres du Roſne & de la Durance: Puis en qualité de ſon Lieutenant fut enuoyé en la ville d'Arles pour la fortifier, & mettre en eſtat d'empeſcher que l'Empereur, qui deſiroit ſur toutes choſes vn paſſage le long du Roſne, (deſia recogneu par le Marquis du Guaſt) ne s'en ſaiſiſt, où ce ſage Seigneur aſſeura non ſeulement les habitans preſts de l'abãdonner, mais auſſi la meit en telle defenſe, qu'on ne l'oſa depuis attaquer, chaſtiant pluſieurs ſeditieux ſoldats qui y auoyent faict de la reuolte, teſmoignant autant de ſage conduite par tout où les choſes bien

Langey.

policees font paroiſtre le iugement, que de valeur en toutes les occaſions où l'execution monſtre le courage. Ceſte cognoiſſance de ſon merite l'appella toſt apres au ſiege d'Hourdin que le Capitaine Sanſon Cheualier Nauarrois tenoit pour l'Empereur, où il eut charge du Roy de faire diligenter les mines auec le ſieur de Burie. Ce ſiege finy par compoſition, pourſuyt la poincte de ſes genereuſes actions pres mõſieur de Montmorancy au ſiege de Sainct Pol, continue ſes exploicts à l'execution de ſainct Venant, qui fut pris à coups de main ſur douze ou quinze cens hommes de guerre, où il ſe fit remarquer des premiers aux coups. Apres leſquels exploicts ſa Maieſté deuëment aduertie qu'il importoit au bien de ſon ſeruice de faire promptement paſſer en Piemont des forces nouuelles qui releuaſſent ſes deſſeins, & remiſſent en meilleur eſtat ſes affaires, entr'autres qu'il y depeſcha auec Monſieur d'Humiere, fut ledit prince de Melphe, où il trouua les affaires en fort mauuais ordre, les ennemis maiſtres de la campagne, & les Seigneurs Italiens partialiſez; qui occaſionna (par le ſage conſeil dudit ſieur prince) ledit ſieur d'Humieres d'y faire venir le

Roy en personne auec vne armee si forte, qu'elle eust eslargy nos premieres conquestes, si auec les artifices ordinaires de l'Empereur, on ne l'eust arrestee auec vne tresue de quelques mois, qui depuis par l'entremise du Pape Paul III. du nom fut continuée pour dix ans à Nice, où à cest effect on auoit moyenné vne entreueuë du Pape, du Roy & de l'Empereur. Pendant ceste tresue ledit sieur prince demeura tousiours pres de sa Maiesté, honoré d'icelle autant que prince eust peu estre, auquel il fut donné par forme d'vsufruict Chasteauneuf sur Loire, Brie contre Robert, Chaume & Nogent en Bassigny, auec asseurance de la reserue à ses enfans, ce qui n'a esté apres sa mort. Ceste tréue expiree auant le temps par la perfidie, de ceux qui durant la seurté de ceste foy commune, firent mourir les sieurs de Fregouze & Riancourt Ambassadeurs de sa Majesté, pour reparatiõ dequoy les armes de France & d'Espagne s'enflammerent plus qu'au precedẽt, on vit, SIRE, aussi tost que sa Majesté regnante fut en campagne, ledit sieur Prince de Melphe proche d'elle, pres d'executer ses desseins quoy que practiqué de l'Empereur & asseurance de r'entrer en ses biens, les offres

Guazzo an 1538.

duquel il reietta tout à plat, ce que remarque Campana en la vie de Philippe II. d'Espagne, en deux endroits de sa premiere Decade, où il dit: Le prince Iean Carraciol estoit tellement François, qu'il n'eut point voulu pour Melphe, ny tous ses estats deuenir Imperial, & comme tel bien cogneu du Roy, il s'en seruit tousiours iusqu'en sa derniere vieillesse aux affaires les plus importantes, & particulierement en ceste annee où dans tous les confins du Royaume, signamment en Piedmont, Roussillon, & Picardie, le feu, le sang, & les armes estoiẽt le plus en vsage. Luy dõc experimenté, tâté & tant de fois epure & employe, non comme le metail de Sparte dans l'argent, mais dans son propre sang & consideration de ses Ancestres, ioinct à sa perte, fut commã-dé de sa majesté faisant fortifier Landrecy d'y faire espaule en son absence, & d'empescher les Imperiaux d'ẽ detourner l'oeuure, ayant commandemẽt d'y fournir toute chose necessaire pour sa tuition & deffence, ce qu'il executa auec telle prudence & dexterité, que le Comte de Reux, auec les forces du païs bas la pensant surprendre au depourueu, il perdit ses pas, trouuant qu'on y auoit remedié, & qu'il auoit affai-

Soit noté.

re à vn vieux routier, qu'il sçauoit sagemẽt entreprendre& heureusemẽt executer les commandemens de son Roy. Sa Majesté cependant resoluë de se trouuer en son armee en personne: l'Empereur se trouuant en la sienne, estãt prés de Luxembour r'appella ses forces, dispersees par les garnisons, & entre autres le Prince de Melphe qu'il auoit laissé à Guise son Lieutenãt General auquel il donna charge, la ville de Luxembour ayant esté prise, de la conseruer & garder separant son armee en deux, & y laissant ledit sieur Prince de Melphe en qualité de son Lieutenant General, auec sept enseignes de gens d'armes, deux mil Lansquenets, & dix mil hommes de pied, des legions de Champagne & Normandie, cependant qu'auec le reste de son armee, il alloit rompre les desseins de l'Empereur, qui faisoit semblant de vouloir attaquer Landresi & Guise. Pendant l'absence de sa Majesté, le Prince de Melphe executa diligemment son intention, mettant dans Luxẽbour, viures pour trois mois, nonobstãt que pour y entrer il luy fallut trauerser diuerses garnisons des Imperiaux preparees pour l'empescher, & que son camp fut diminué des deux tiers pour les necessitez

du Bellay.

Annales par Belle forest, des anciennes impr. du Bellay.

ſuruenues en ſon armee: cela faict, marche promptement vers Arlon qu'il rafraiſchit y laiſſant trois compagnie de gens de pied & viure pour quelque temps, puis retourne en toute diligence ioindre le Roy, qui marchoit au ſecours de Landreſi reduit à l'extremité, où ſa Maieſté oſta à l'Empereur l'eſpoir de le prendre, quoy qu'aſſiſté de toutes les forces d'Allemaigne, Flãdre, Angleterre, Eſpagne & Italie, le contraignant de ſe retirer à Spire, collorant ſa retraitte d'vne diette qu'il diſoit y auoir aſſigné. Cela, SIRE, executé, l'armee ſeparee par les garniſons, le Roy ſe retirant à Paris, enioignit de rechef au Prince de Melphe de rauitailler Luxembour, aſſiegé au nõ de l'Empereur par le Cõte Guillaume Fuſtamberg hõme de petite foy, & qui volõtairemẽt auoit changé de party, ayant deuant douze mil Lanſquenets, bon nombre de cheuaux, & Artillerie, ce qu'il executa non moins heureuſement que la premiere fois, car nonobſtant l'incommodité d'vn hyuer le plus rigoureux qui ayt eſté deuant ny apres, il y mit non ſeulement des viures, mais de plus, contraignit le Comte de Fuſtamberg, de plier ſon camp, & ſe retirer en Allemagne, laiſſant la cam-

Paradin.

du Bellay

pagne libre au Prince de Melphe qui auãça fort les affaires du Roy. Delà, ledit sieur Prince se retira à Stenay, rompant son armee, & la diuisãt par les garnisons de Chãpagne & Picardie iusques au renouueau. Pendant cét hiuer, l'Empereur & le Roy d'Angleterres pour legitimes & recentes occasions ennemis, se reconsilierent & iurerent la ruine de cest estat, tendant tous deux à vn mesme but, quoy que diuises en leur ame, & à cét effect, l'annèe suiuaute, annee remarquable & signalée, pour les diuerses guerres entreprises tant dedans que dehors le Royaume, attaquerent la France, sçauoir l'Espagnol, par la Champagne, l'Anglois par la Picardie, qui neãtmoins à la fin du ieu, furent esgalement eslognees de leur Comté, & comme les mouches Ephemeres de Cypre n'vrẽt guer res qu'vn iour, qu'vn soleil, qu'vn matin, par la sage vigilance & promptitude de sa Maiesté, combien que la puissance & la vertu Françoise en fut au commencement surmontee, quoy qu'on s'opposast genereusement à ceste tempeste, à laquelle on ne peut du premier coup resister, ce royaume estant en mesme temps de tous costez chargé d'ennemis, contre l'impetuosité

du Bellay.

desquels

ledit Prince de Melphe fut des premiers, monstrant autant de sage conduite que de hardiesse de resolutiõ, lors que l'Empereur ayant pris sainct Disier, Espernay, & Chasteautiery faisoit mine de s'acheminer à Meaux, qui donna telle espouuant aux habitans de Paris, que depuis que la ville fut edifiee n'auoit esté veu dedãs ces murs vne telle terreur ou on remarqua qu'en ce confus & populaire tumulte, où chacun oublioit la cause publique, taschoit seulemẽt de fuyr & se sauuer, qu'Antoine Carraciol fils dudit prince de Melphe ieune escholier auquel le sang ne pouuoit mentir, ny le courage forligner, voulant remedier à ce desordre, & cognoissant bien qu'à faute de chef ce peuple ne pouuoit prendre vne bonne resolution, arresta pres de soy les premiers escoliers qu'il trouua de bonne volonté, puis faisant battre le tambour en l'vniuersité, où se rendit pres sa personne plusieurs ieunes hommes qu'il diuisa & departit en compagnies, par tous les quartiers de la ville, auec autant de prudence qu'experimenté Capitaine eust sçeu faire, conuiant par son exemple les bourgeois à faire le semblable, ce quil firent, par ou il asseura la ville, iusqu'à ce que le Roy en ap-

Belleforest.

Paulo Ionio

procha & la garda sinon de peur du moins de mal. Durant ces entreprises l'Empereur recognoissant combien il est mal-aisé de battre vn Roy de France dans ses propres cõfins & limites, inclina à la paix ioinct les apprehensiõs que sa longues absence n'apportast des nouueautez dans ses propres païs pendant quil taschoit d'empieter celuy d'autruy, & en fin en virent à la conclusion sous des conditions esgalément auantageuses, fort qu'en ce que, le Prince de Melphe, qui auoit esté le chef des Seigneurs estrangers fauorisant la France cõtre l'Espagne, auec plusieurs autres ne peut estre compris audit traitté, pour les haines que l'estranger dés long-temps auoit conçue contre les Carraciols pour auoir suiuy le party François : Le Roy donc deliure d'vn si puissant ennemy fit promptement marcher son armee, que Monsieur le Dauphin conduisoit contre le camps des Anglois, ou commandoit le Comté de Northfoltr pour le combattre, où se trouua le sieur Prince de Melphe, lequel est encor recogneu estre prés de la personne de sa majesté laquelle ayant dressé vne forte armée par mer & par terre, pour inuestir Boulogne, tenuë par les Anglois, donna

Traitté de Crespi en Vallois. 1544.

Belleforest.

charge audit sieur prince de Melphe de recognoistre la place, ce quil fit, auec prudẽce & contentement de sa Majesté, qui preuoyant que la gueerre contre les Anglois prendroit vn trait plus long quelle n'auoit pas pensé, & se doutant que l'Empereur (qui ne tenoit ses promesses qu'en tẽps que le bien de ses affaires le permettoit) ne rõpit de rechef contre luy, donna ordre sur les frontieres, & particulierement en Piedmont d'où ayãt retiré le Comte d'Anguiẽ de Bourbon, pour luy donner le cõmandement de Languedoc, il y commit le Prince de Melphe son gouuerneur, & Lieutenant general, leq̃l pareillemẽt pour ses merites & seruices fidelles auoit nouuellemẽt esté fait Mareschal de France, l'experience & la vigilance duquel n'empira riẽ les affaires en Piedmont, où sa seuere droicture en Iustice, le fit craindre, honorer & aymer tout le temps de sa charge, durant laquelle il acquit l'honneur d'estre le premier qui policea l'Infanterie, & qui contraignit le soldat à viure soubs les loix & disciplines militaires. Pendant quelques annees de son gouuernement l'Empereur ne remua en France, estant assez empesché en la Germanie contre les Seigneurs de la Ligue.

Langé.

Langé.

Paulo Iouio. du Tillet.

Smalchadicque : conſequemment rien ne fut entrepris en Piemont que ſus l'eſtat de Saluſſes; dont le Prince ayant eleué les cornes de ſon ambition contre le Roy, vint eſtouffer dez leur naiſſance ſes deſſeins par la ſage prudence du ſieur prince de Melphe, qui accompagné des ſieurs de Stroſſi & de Termes le pris à Rauel & tout ſon Marquiſat qu'il mit ſoubs la main de ſa Maieſté. Toſt apres pour ne laiſſer rien en arriere de ſon debuoir fit auec vn tres-ſage conſeil ruiner les moindres places proches les plus importantes, qui cauſa à l'aduenir la conſeruation de ceſte prouince.

Loys d'Auilla.

Adrianus an. 1547.

Quant pour les Duelliſtes, il y fit vne telle loy, que peu eurent enuie de ſuyure la rigueur d'icelle, les faiſant, apres auoir tenté tous moyens de reconciliation, conduire ſur le pont du Po à Turin, où les portes fermees ſur eux, leur dõnoit (mais à ſon regret & pour obuier à vn plus grãd mal, les duels eſtans pour lors tres en vſage) loiſir de diſputer le prix de la victoire aux deſpens de leur vie, qui fut l'vnique moyen d'amortir & appaiſer ſes humeurs bigearres & cerueaux eſtropiez pendant qu'il gouuerna le Piemont, duquel ſa Majeſté à ſa priere l'ayant rappellé pour luy donner & à ſes enfans Romorantin & ses despendances estant plus que septuagenaire, & tellement affoibly que le gouuernement requeroit desormais non vn esprit plus rassis & iuste, mais bien vn corps plus robuste & sain, vint mourir à Suze, la vie & la mort duquel est remarqué tant par vos historiēs qu'estrangers qui vnanimemēt disent que ny l'amour de sa patrie l'eloignement des siens, sa pauureté pressante, quoy que vieil expolié de ses biens, chargé de famille, ny le regret d'auoir esté ce qu'il ne se voyoit plus, ne peurent iamais rien au preiudice de sa foy, & que sa mort fut vn grand dommage pour la France; à cause (disent ils) de la singuliere prudence, bonté & experience qui estoit en luy, ayant accompagné tous ses faicts & toutes ses actions tant ciuiles que militaires d'vne tres-recommendable deuotion & fidelité vers la France, qui depuis qu'elle est regie en monarchie, n'a trouué iusqu'à present trois familles estrangeres se perdre pour sa defense, comme a faict celle des Carraciols de Melphe. Voila, SIRE, le tesmoignage de ses victimes immolees, la probation de ses effects, l'epitome de leurs loüables actions que vous offre leur petite fille. Permettez dōc à son affliction qu'elle puisse aussi represen-

de Villars.

Nota.

Terme de Villars.

ter à voſtre Maieſté l'eſtat de ſa condition preſente : & que comme l'Aigle chargee d'infirmité & maladie, s'eſtant eſleuee vers le Soleil, & deſcouuert à ceſt aſtre les parties de ſon corps les plus malades, n'en eſt bruſlee, ains par ſes rayons en reçoit la gueriſon, que ſurchargee d'infirmité, douleurs & miſeres, qu'elle ne ſoit conſumee dans le neant, ains que les rayons de voſtre royale pieté & equité la releuẽt de ſes calamitez, puis que pour iamais les Roys vos predeceſſeurs ont ſouffert & permis qu'elle ſoit priuee & forcloſe par les traictez de Cambray, Creſpy en Vallois, & Cambreſis, faits auec le Roy d'Eſpagne, de r'entrer aux biens de Melphe, & d'Aquin : Traictez ratifiez & approuuez par le Traicté de Veruins, & plus eſtroittement liez & confirmez par les articles de mariages d'entre voſtre Maieſté, & la ſereniſſime infante d'Eſpaigne Reyne de France.

Iettez donc SIRE, l'œil de voſtre pieté, pitié, & miſericorde ſur la miſere dans laquelle elle eſt confinee, & faites que comme la plante nommee Anacampſerete ou ſemperuiue ne laiſſe de viure verdoyante, que ceſte pauure Damoiſelle chargee de cinq enfans apres auoir eſté ſpoliee & tiree des maisons de Melphe & d'Acquin, dont sainct Louys vostre predecesseur n'a desdaigné de se dire parent de ceux d'Aquin, 7 elle puisse & à ses enfans obtenir quelque retraicte en France, & estre dressee de vingtquatre mil liures qui luy sont deubs d'arrerage de pension 8 de mil liures qu'il plaist à vostre Maiesté luy donner, dont elle est d'ordinaire retrenchee de moitié, afin qu'elle puisse viure approchant de sa qualité, en consideration de ses predecesseurs, ausquels si on ne veut oster à la gloire de leur gloire la recompense qu'ils ont (pour leurs successeurs) meritee, la France prendra le party du silence, puis que l'Histoire dit, 9 *La France est obligée à la memoire, & à la maison de ceux de Melphe.*

7 Cela se remarque aux Autheurs qui ont traicté de la maison d'Aquin, & de la saincteté de S. Thomas d'Aquin, cōme Pisamano Romeo, Paul Regio, & autres & plus recémént. Le sieur Cardinal du Peron en sa Harangue faicte de la part de la Cham. Ecclesiast. aux Estats ā 1615. p. 39. & 40.

8 Cete pensiō de mil liures luy estoit accordee de Hēry III. lors qu'elle estoit fille d'hōneur de la defuncte Reyne mere, attendant qu'elle eust eu lieu de recompense pendant sa ieunesse.

9 Rabutin chap. 10. & tous les autres historiens cy dessus cottez.

www.ingramcontent.com/pod-product-compliance
Ingram Content Group UK Ltd.
Pitfield, Milton Keynes, MK11 3LW, UK
UKHW020410250726
13967UKWH00006B/2563

9 782013 053211